MAISONS

DE LA

GRANDE MADEMOISELLE

ET DE

GASTON D'ORLÉANS, SON PÈRE

PUBLIÉ PAR

EUGÈNE GRISELLE

Docteur ès Lettres,
Lauréat de l'Académie Française (Prix Juteau-Duvigneaux, 1902; Prix Saintour, 1911).

PARIS

ÉDITIONS DE DOCUMENTS D'HISTOIRE

PAUL CATIN, ADMINISTRATEUR

13, RUE LACÉPÈDE, 13

1912

MAISONS

DE LA

GRANDE MADEMOISELLE

ET DE

GASTON D'ORLÉANS, SON PÈRE

MAISONS

DE LA

GRANDE MADEMOISELLE

ET DE

GASTON D'ORLÉANS, SON PÈRE

PUBLIÉ PAR

EUGÈNE GRISELLE

Docteur ès Lettres

Lauréat de l'Académie Française (Prix Juteau-Duvigneaux, 1902; Prix Saintour, 1911).

PARIS

ÉDITIONS DE DOCUMENTS D'HISTOIRE

PAUL CATIN, ADMINISTRATEUR

13, RUE LACÉPÈDE, 13

1912

INTRODUCTION

Lors de son mariage avec Marie de Bourbon [1], fille du feu duc de Montpensier, célébré à Nantes le 6 août 1626, Gaston d'Orléans, en échange de ses dénonciations et de son consentement donné à l'union qu'avait voulu empêcher la conspiration de Chalais, stipula, entre autres avantages, la constitution d'une maison quasi royale. Lui-même, ou plutôt Algay de Montagnac, le rédacteur de ses Mémoires [2], nous l'apprend avec quelque détail.

Madame lui porta de son chef la souveraineté de Dombes, la principauté de la Roche-sur-Yon, les duchés de Montpensier, de Chatellerault et de Saint-Fargeau, avec plusieurs autres belles terres portant titres de marquisats, comtés, vicomtés et baronnies, et quelques rentes constituées sur le Roi et sur plusieurs particuliers, le tout faisant 330,000 livres de rentes, et outre cela madame de Guise la mere donna à Madame un beau diamant, estimé 80,000 écus. Le Cardinal de Richelieu eut pour sa livrée et en présent de noces la terre de Champvant, dont il avoit auparavant eu grande envie de s'accommoder, étant proche et à la bienséance de sa maison de Richelieu.

Après la disgrâce du maréchal d'Ornano, le sieur duc de Belle-

---

1. On rencontre au tome 378 des Mélanges Clérambault, fol. 187, un acte de transaction passé entre « Charles de Lorraine, duc de Guise, prince de Joinville, pair de France et lieutenant général pour le roi en Provence et admiral des mers de Levant, et Henriette-Catherine de Joyeuse, son épouse, douairière de Montpensier, tuteurs solidaires de la tres illustre princesse Marie de Bourbon, et Mgr Henri de la Tremouille ». Il est antérieur au mariage de la très riche héritière et daté du 10 février 1623.

2. *Mémoires de Gaston*, dans la collection Michaud et Poujoulat, 1re série, t. IX, pp. 567 et suiv.

garde fut donné par le roi à Monsieur pour tenir la place de surintendant de sa maison et premier gentilhomme de sa chambre. La duchesse de Bellegarde fut aussi dame d'honneur de Madame, et tous deux tiroient 30.000 livres par an en gages, livrées et appointemens de leurs charges; et pour la lieutenance de la compagnie de gendarmes de Monsieur, ce maréchal en avoit auparavant traité avec le sieur de la Ferté Imbault d'Etampes.

Monsieur commanda que l'on travaillât à même temps au grand état de sa maison, qui fut faite approchante de celle du Roi, et par la qualité et par le nombre d'officiers, avec cette différence toutefois qu'aucune des principales charges de sa maison ne porteroit le titre de grand comme chez le Roi, mais celui simplement de premier. Il fut dressé des états pour chaque dépense de sa maison, ainsi qu'en celle du Roi, savoir l'etat des officiers domestiques et commensaux, un estat particulier des officiers de l'ecurie, un autre pour l'entretènement de ses gardes françaises et un autre pour les gardes suisses, un autre pour la dépense des tables, cuisines, paneteries, échansonnerie, gobelet et fourriere, le tout compris sous le nom de la chambre aux deniers; un autre état pour la depense des écuries, un autre pour la venerie, un autre pour la fauconnerie, un autre pour la musique de la chapelle, un autre pour les bastiments. On fit aussi la Maison de Madame, dont la dépense ordinaire devait monter à quatre cent tant de mille livres [1]. Monsieur eut quatre-vingt gardes françaises portant casaques et bandoulieres de velours de ses livrées, leurs casaques chargées devant et derrière de ses chiffres en broderie rehaussée d'or [2].

Il eut aussi vingt-quatre suisses qui marchoient devant lui les dimanches et autres jours de fêtes, tambour battant encore que le roi fût à Paris; mais il ne se trouvoit pas aux lieux ou étoit Sa Majesté [3].

... Son Altesse étoit fort curieuse de tableaux des meilleurs maîtres. Comme aussi des antiques et autres raretés dont il avoit fait un beau cabinet et s'appliquait particulierement à la médaille, à quoi il réussissait, comme il fit ensuite à la recherche des simples, qu'il avoit, ayant un soin particulier de les faire representer au naturel et d'insérer leurs noms dans un gros volume par le sieur

1. Voir cette Maison dans mon *Etat de la Maison de Louis XIII*, p. 160.
2. A propos d'un conflit survenu en 1615, entre le capitaine des gardes de Gaston et l'exempt des gardes du corps du roi, un arrêté fut porté le 11 juillet 1617. Voir *Appendice I*.
3. *Mémoires de Gaston*, p. 570.

Jules Donabella, son peintre, et il alloit souvent herboriser lui-même... [1].

La Maison de Gaston d'Orléans, ainsi décrite et bien autrement complète que l'état sommaire mentionné lors de sa naissance dans les registres officiels [2], nous a été conservée par Clairambault au tome 816 de ses Mélanges intitulé Maisons de plusieurs princesses, fol. 451 à 479. Elle y est complétée de détails généalogiques et nous fournit ainsi, par la mention des alliances signalées, des renseignements sur de nombreuses familles, qui se retrouvent fréquemment dans la Maison du roi ou des princes et princesses [3].

Toutefois, malgré l'ampleur de ce document, il n'a pas l'importance de celui qui le suit et qui a donné son titre à cet essai, savoir la Maison de la Grande Mademoiselle. Anne-Marie-Louise d'Orléans dont la naissance, au Louvre, le 29 mai 1627, coûta la vie à sa mère qui mourut peu de jours après, eut une maison, elle aussi, quasi royale, satisfaction accordée à la douleur des survivants [4] et au contentement éprouvé par le roi qui, sans enfant encore, avait redouté une sorte d'héritier présomptif [5].

Ici encore, il importe de citer les Mémoires de l'intéressée elle-même qui, en parlant de la mère qu'elle ne connut point, avoue l'étendue et les conséquences pour elle de cette perte et de l'étrange éducation qui en fut la suite.

Bientôt après qu'elle fut morte, on fit ma maison; on me donna un équipage bien plus grand que n'en avoit jamais eu aucune fille

---

1. *Mémoires de Gaston*, p. 571.

2. Voir mon *État de la maison du roi Louis XIII*, p. 56. A défaut d'un autre état, j'y ai fait entrer aussi (pp. 160 à 167) celui de Madame constitué en 1627.

3. Il y a même un essai de blasons ajoutés en marge de la main de Clairambault, mais d'une écriture illisible ou par des esquisses ou tracés si informes qu'il a fallu renoncer à en tirer parti.

4. On lit dans les *Mémoires de Gaston* : « Madame de Guise étoit inconsolable d'avoir perdu une fille qui lui avoit toujours été si obeissante, et qu'il lui fallut renoncer par un événement si soudain aux grands avantages qu'elle et sa maison avoient deja reçus et pretendoient encore de tirer à l'avenir d'une telle alliance » (p. 572). — Comme spécimen des innombrables lettres de condoléances reçues par la douairière de Guise, on lira, à l'*Appendice* II, celle du frère de Richelieu, Alphonse-Louis, qui, alors archevêque d'Aix, devait cette attention à la famille du Gouverneur de la Provence.

5. Arvède Barine écrivait, dans *La Jeunesse de la Grande Mademoiselle* (Paris, Hachette, 1901) : « L'enfant tant désiré par les uns, tant jalousé par les autres, fit son entrée dans le monde le 29 mai 1627... le septième jour, la mère mourut. Louis XIII lui commanda des obsèques royales et vint lui jeter de l'eau bénite en cérémonie, tout soulagé de ne pas avoir de neveu... Monsieur fut tel qu'on pouvait s'y attendre : il pleura bruyamment, se consola vite et s'enfonça dans la débauche » (p. 16).

de France, même pas une de mes tantes, les reines d'Espagne et d'Angleterre et la duchesse de Savoie, avant que d'être mariées. La Reine, ma grand'mère, me donna pour gouvernante madame la marquise de Saint-Georges, de qui le mari étoit de la maison de Clermont d'Amboise; elle étoit fille de madame la marquise de Montglas qui avoit été gouvernante du feu roi, de Monsieur, de feu mon oncle [1] le duc d'Orléans, et de toutes mes tantes; et c'étoit une personne de beaucoup de vertu, d'esprit et de merite, qui connoissoit parfaitement bien la Cour. Elle avoit depuis été dame d'honneur de la reine d'Angleterre et de la duchesse de Savoie [2] et s'en étoit fait aimer si chèrement que sa seule considération fut presque tout le deplaisir qu'elles eurent lorsque les affaires de ce pays-là les obligerent d'en chasser les François qu'elles y avoient menés [3].

Ma mère accoucha au Louvre. Je fus logée aux Tuileries [4]...

*M*me *Arvède Barine, par des conjectures déduites d'un état de la Maison d'Anne d'Autriche publié dans les* Archives curieuses de l'Histoire de France, *s'est efforcée de reconstituer la maison de la princesse. On aura mieux que cet essai problématique, grâce au document conservé au tome 380 des* Mélanges Clairambault [5].

1. Il s'agit du second fils de Henri IV, mort en 1611. Cf. *Etat de la Maison du roi Louis XIII*, p. 56.

2. Il faut dire plus exactement : de la duchesse de Savoie et de la reine d'Angleterre, car Mme de Saint-Georges avait d'abord accompagné Christine lors de son mariage en 1619. C'est en 1625 qu'elle fut de la suite de Henriette-Marie. Cf. mes *Cinq cents lettres de Louis XIII*, p. 12.

3. Sur les discordes soulevées en Angleterre, voir au même ouvrage les lettres de l'année 1626.

4. *Mémoires de M*lle *de Montpensier.* Collection Michaud et Poujoulat, 2e série, t. IV, p. 1.

5. Il y a un autre état, de l'année 1629, à peu près identique. Les divergences ont été notées au passage.

ESTAT

DE LA

MAISON DE GASTON

DUC D'ORLÉANS, FRÈRE UNIQUE DU ROY

[1627][1]

PREMIER AUMOSNIER

Pierre Habert [1], Evesque et comte de Cahors, con^{er} du Roy en ses conseils et 1er aumosnier de M[onsieu]^r [2].

Fils de Louis Habert, sg^r du Mesnil [2], con^{er} d'Estat, & de Marie de Rubentel [3], et frère de Louis Habert, s^r de Montmor [4], qui de Anne Hue [5] a eu Henry Louis, s^r de Montmor [6], con^{er} en la 1re des Enquestes, &c.

... Abbé de Cerisy (**7**).

Anne [**8**], femme du s^r de Lauziere [**9**].

Et Marie [**10**], femme, en 1626, de Louis d'Allongny, baron de Rochefort [**11**].

Led. Louis, père de Pierre, estoit fils de Ph[i]l[ipp]es Habert [**12**], secr^r du Roy, qui épousa Radegonde Houdin [**13**], fille d'Anthoine [**14**] & de Jacquette Budé [**15**].

AUMOSNIER ORDINAIRE

François Passart [**16**], con^{er} du Roy & aumosnier ord^{re} de Monsegr[3].

Fils de François Passart, esc^r, s^r de la Fresnoye [**17**], et de Jacqueline Robineau [**18**].

---

1. Bien que sans date, cet *Elat* est antérieur à la mort de Marie de Bourbon (cf. plus bas, p. 15). Il y en a un de 1644, très complet, qui figurera dans l'*Elat de la Maison de Louis XIV*, n°s 2342 à 3416. Voir la description du volume imprimé en 1645 dans mon *Supplément à la Maison du Roi Louis XIII*, p. vi.

2. Les armes décrites en marge sont : *d'azur au chevron d'or accolé de 3 fers de moulin d'argent.*

3. Chapeau noir de protonotaire d'arg. az. merlettes de sable.

PREMIER GENTILHOMME DE LA CHAMBRE

Roger, Duc de Bellegarde [19], Pair et grand Esc[r] de France, Chlr
des 2 ordres du Roy, con[er] en ses conseils d'Estat & privé, Cap[no]
de cent hommes d'armes de ses ord[ccs], Gouv[r] et Lieut[t] général
pour S. M. es pays de Bourgogne & Bresse, 1er Gentilhomme de
la chambre et surintendant général de la Maison de Mgr.

Fils de Jean de St Lary et de Bellegarde, Baron de Thermes
[20], chler des 2 ordres du Roy, con[er] en ses con[els], cap[no] de 50
hommes d'armes de ses ordonnances, & de Anne de Villemur [21].

MAISTRE DE LA GARDEROBE

Cosme Savary, marquis de Maulevrier [22], M[e] de la garderobe de
Mgr.

Fils de François Savary [23], chler, sg[r] de Cremes, marq[s] dud.
Maulevrier, Baron d'Artois, sg[r] de ... & con[er] du Roy en ses
con[els] d'Estat & privé, & 1er esc[r] de la Royne mere de S. M. et
de Anne de Thou [24].

PREMIER CHAMBELLAN

Paul Dantist de Mausan [25], chlr, sg[r] dudit Mausan, vicomte de
Morcourt, s[r] de Giraucourt et Ervillé, con[er] du Roy en ses con[els],
cap[ne] d'une comp[ie] au Regim[t] de ses gardes, & 1er chambellan
de Mgr [1].

Fils de Jean d'Antist et de Mausan [26], chlr, sg[r] desd. lieux
et de St Blancart, et de Marie de Dampierre de Lieramont [27] &
petit fils de Jean Dantist, sg[r] des lieux susd. [28], et de Catherine d'Armantron de la Pallu [29].

PREMIER CHAMBELLAN

Henry de Gournay, chlr, comte de Marcheville, Bailly et surintendant de l'Euesché de Mets, et 1er chambellan de Mgr [30].

Fils de Regnault de Gournay, chlr, sg[r] de Villé et de Quicourt,
Bailly de Nancy [31], et de Louise d'Appremont [32].

PREMIER CHAMBELLAN

Antoine de Lage, chlr, sg[r] de Puy Laurens, 1er chambellan de Mg[r]
et grand Maistre des Eaux et forests en toutes les terres de mond.
sgr [33].

Fils de René de Lage, chlr, sg[r] de Puy Laurens [34], 1er Esc[r]
de Madame, et de Jeanne Pot de Rhodes [34*].

---

1. Cf. *Maison militaire de Louis XIII*, gardes françaises, n° 345.

PREMIER CHAMBELLAN

Gabriel d'Aramberg de la Beraudiere, chlr, Baron des Ousches, 1er chambellan de Mgr [85].

Fils de Louis d'Aramberg, chlr, baron des Ousches, sgr de Cherigné, La Monautiére et Ponceaux, gentilhomme ordinaire de la chambre du Roy [36], et de Catherine de la Beraudiere d'Urfé [37]. Il épousa, le 4ème d'aoust 1636, Jeanne d'Hennequin [38], veuve de Gilbert Filhel, sgr de la Curée, chlr des 2 ordres [39], et fille de Nicolas Hennequin, Sgr de Saulgny [40], Président au grand conseil, et de Renée Hennequin [41].

PREMIER CHAMBELLAN ORDte.

Jean-Louis Adhemard de Monteil de Grignan, chlr de l'ordre de St Jean de Hierusalem, 1er chambellan ordre de Mgr [42].

Fils de Louis Adhemard de Monteil, Comte de Grignan, Baron d'Antrechasteaux, chlr des 2 ordres du Roy, Lieutenant au gouvernement de Provence [43] et de Ysabel de Pontenès [44].

CHAMBELLANS D'AFFAIRES

1º Antoine de Moy, chlr, Baron de Moy en Caux [45], fils de Jacques de Moy, Sgr de Pierrecourt, coner d'Estat, cape de 50 hommes d'armes, chlr des 2 ordres [46], et de Françoise de Betheville [47].

2º Jacques d'Estampes, sgr de la Ferté-Imbauld, marquis de Mosny, cy après [48].

3º Henry Martel, sgr de Rames en Caux [49], fils de Charles Martel, Ssr de Rames [50] et de Joachime de Rochechouart [51].

4º Roger Hector de Pardaillan, marquis d'Antin [52], fils d'Anthoine Arnaud, sr de Gondrin Montespan, chlr des deux ordres [53], et de Paule de Bellegarde [53*], pr mal de camp ès armées de Sa Majesté et son lieutenant au gouvernement de Guyenne.

5º François D'Aubusson, comte de la Feuillade, sgr de la Grange Bleneau [54], fils de Georges d'Aubusson, comte de la Feuillade [55], et de Jacqueline de Linières [56].

6º Claude d'Escoubleau, sgr du Coudray-Montpensier, capitaine de 100 chevaux legers et mestre de camp des Carabins françois aux armées delà les Monts et Capitaine d'une compagnie desd. Carabins, chambellan d'affaires de Monseigneur [57].

Fils de Louis, sgr. desd. lieux [58], et de Sara de Rochefort [59].

DEUX GENTILHOMMES DE LA CHAMBRE

1º Charles de Tilly, sgr de Blaru, gentilhomme de la chambre de Monseigneur [60].

2° Henry de Lancy, Baron de Raray [61], fils de Nicolas, s^r de Raray [66], et de Heleine de Lanchèse [67].

Après les deux gentilshommes de la chambre est
l'*Introducteur des Ambassadeurs* [1].

Louis Gedoyn, s^r de Belan, Con^{er} et Introducteur des Ambassadeurs Etrangers près Monseigneur [68].
Fils de François Gedoyn, s^r du Petit Muis, Président en l'élection de Paris [69], et de Catherine de Nuilly [70].

Gentilshommes ordinaires.

1° Raulin de Gros, s^r de Domps [71], fils de Pierre de Gros, s^r de Domps [72], et de Marie Morin de Pardillan [73].

2° Rodolphe Le Maistre, Conseiller et 1er médecin de Monseigneur [74], fils de Jean 'e Maistre, seig^r de la Mothe du Breuil de Varennes [75], et de Estiennette Lwy [76].

3° Hierosme Le Clerc, s^r d'Andezac [77], fils de Claude Le Clerc, s^r d'Andezac [78] et de Philipes le Metayer [79].

3° *bis* *A sa place* Jehan Baptiste de Breard, s^r de Lamirault [80], fils de Pierre [81] et de Marguerite Bourdereuil [82].

4° Benoist d'Istria, sg^r Delfino [2], Gentilhomme ordinaire de M^r et M^e d'hostel ordinaire de Madame [83].

5° Antoine Pellegrin, s^r des Presles [84], fils de Pierre de Pellegrin, s^r des Presles [85] et de Françoise Alleman [86].

6° Charles Briconnet, s^r des Gillotières [87], fils de François Briconnet, s^r de Sermerolles, Gentilhomme servant du Roy, Capitaine d'une Compagnie de Gens de Pied, appointé en Piedmond [88], et de Marie Michel [89].

7° Louis D'Espaigne, s^r de St Celex [90], fils de Bernard Despaigne, Esc^r, s^r dudit lieu [91], de Paule Dantist de Maussan [92], Enseigne d'une Compagnie au Regim^t des gardes du Roy.

8° Melchior de Chardebeuf, Sg^r de la Vaupot [93].

9° Charles de Tilly, Sg^r de Blaru, gentilhomme de la chambre et ordinaire de Mg^r [94], fils de Louis de Tilly, chlr, Sg^r de Blaru, capitaine lieutenant des cent Gentilzhommes [95], et de Marie Le Pelletier de Charpoilly [96], fil[le] de Jacques [97] et de Adrienne de Boufflers [98].

---

1. Cf. plus bas, n° 401, où cet office est répété et Louis Gedoyn appelé : s^r de Belon.

2. On lit aux *Mémoires* de Gaston : « Delfin gentilhomme, corse de nation, ancien domestique du maréchal (d'Ornano) qui l'avoit introduit depuis près de son Altesse pour servir à ses plaisirs et aux ballets où il savait bien tenir sa place » (p. 567).

10° Jacques, fils de Charles [99] et de Louise de Vaudray [100], Charles, fils de....... et de N....... L'Advocat (*sic*) [101].

Il a épousé en 162.. Prudence de la Haye [102], fille de....... de la Haye, Sg^r d'Amfreuille [103] et de Prudence de Quenonville de Raffetot [104].

11° Jacques de Raigecourt, Sg^r de Marly, Pournoy, Ameneville et Remonville [105], fils de Jacques de Raigecourt, s^r desdits lieux [106], et de Madelene de Gournay [107], led. Jacques fils de Philippes et de.......

Ce Jacques a épousé Renée d'Eurre [108], sœur d'Anthoinette [109] et de Dorothée [110], femme du s^r des Armoises [111].

12° Henry Sanguin, s^r du Chastinet [112], fils de Jacques Sanguin, s^r de Livry, Con^{er} du Parlement [113], et de Marie du Mesnil [114], fille de Denis du Mesnil, avocat general [115], et de Claude Vialart [116].

13° François Le Comte, s^r de Fontaines Durescu [117], fils de Louis Le Comte, s^r de Fontaines [118], et de Catherine Fercy, D^e de Durescu [119].

14° Pierre de Patris, s^r de Ste Marie [120], fils de Claude de Patris [121], s^r de Ste Marie [122].

15° Charles des Friches, Sg^r de Brasseures [123], fils de Artus des Friches, sg^r de Brasseures, Ormeçon, Cannes et Chasteaufort [124] et de Catherine d'Oria [125].

16° Jean Le Maistre, Sg^r du Brueil [126], fils de Rodolphe le Maistre, Con^{er} du Roy et 1er médecin de Mg^r [127] et de Jeanne de Ranchin [128].

17° Alphonse de Lenché, Sg^r de Moessac [129], fils de Thomas de Lenché, Sg^r de Moissac [130], et de Louise d'Ornano [131].

18° Jean d'Almeras, s^r de Megires, Lieutenant des Gardes Suisses de Mg^r et Gentilhomme ordinaire [132], fils de Simon d'Almeras, sg^r de Megires [133], et de Catherine Nicolay [134].

18° *bis A sa place*, Florent de Ganné, s^r de Conizi [135], fils de Nicolas, aussi Sg^r de Conizi [136], et de Guyonne D'Elbene [137].

19° François de Chastillon, s^r du Bois Rogues [139], fils de Gilles de Chastillon, Sg^r d'Argenton [140], et de Marie de Vivonne [141].

20° Jacques de Salligné, Sg^r de St Florent, près Vieillevigne [142], fils de Daniel de Salligné, Esc^r, s^r dudit lieu [143], et de Jaquette Maistie de la Papinière [144].

21° Germanic Foucher, dit de Ste Flaine, Baron du Gué [145], fils de Jacques Foucher, Baron dudit lieu [146], et de Heleine Carlot du Chastelier [147].

22³ Nicolas Goulas, sʳ de la Motte [148], fils de Jean Goulard, sʳ
dudit lieu [149], et de Marie Granger Liuerdis [150].

23º Charles de Villemontée, sgʳ de Villenosse, Gouverneur de Méry-
sur-Seine, Cornette de la Compagnie de Cheuaux Legers de
Mgr et un de ses gentilzhommes ordinaires [151], fils de François de Villemontée, sgʳ de Villenosse, Conseiller du Rey en
ses Conseils d'Estat et privé, président en la Cour des
Aydes [152] et de Jeanne de Verdun [153] ¹.

24º Claude Faure, sgʳ de Vaugelas [154], fils de Antoine Faure, Chlr,
Baron de Perouges et de Domesson [155], Conseiller d'Estat
de son Altesse de Sauoye, 1ᵉʳ Président de Sauoye [156], et du
Benoiste Faure [157].

25º François de Tournemine, sʳ dudit lieu [158], fils de François de
Tournemine, Chlr, Baron de Campzillon [159], et de Odette
Goullard Tonnerac [160].

26º Jean de Vitrolles, sgʳ de Cabescan ², Gouverneur des Pages de
la Chambre de Mgr [161], fils de Claude de N... [162], et de
Catherine Du Mas [163].

27º Dominique de Baylens, sʳ de Poyanne, ... ordinaire
de Mʳ [164], a un frère, Bernard, sʳ de Poyanne, Gouverneur
de Dargy de Nauarrois, Lieutenant pʳ le Roy en Béarn, vivant
en 1629 [165], qui a épousé Anne de Batsabat, dite Dᵉ de
Panjas [166], sœur de Madᵉ la mareschale de Roquelaure [167],
dont il y a eu deux fils : Jean Gabriel [168], et un autre.

GENTILSHOMMES A LA SUITE DE MONSEIGNEUR.

1º Louis de Villelume, sgʳ du Mont d'Albiac [169], fils de Aymon
de Villelume, sgʳ dudit lieu [170], et de Louise des Ais [171].

2º Charles de Maillé, sʳ de Chefderues, escʳ de Mʳ et un des gentilshommes à sa suite [172], fils de Florestan de Maillé, sʳ de Chedreu, Chlr de l'Ordre du Roy et capitaine de 50 hommes
d'armes de ses Ordonnances [173], et de Françoise de Chefde-
bois [174].

3º Henry d'Arreres, sʳ de la Tour, Gouverneur de Touques en Nor-
mandie, Gentilhomme servant de Madame et un des Gentilshommes de la suite de Monseigneur [175], fils de François Dar-
reres, Chlr, sʳ de la Tour, Escʳ de la petite Escurie de feu Mʳ le
Duc de Montpensier, Gouverneur de Touques [176], et de
Claude de Ferrières [177].

4º Jean de Gros, sʳ de la Legune [178], voyez à son frère, cy devant ³.

1. Cf. infra, nº 483.
2. Cf. infra, nº 468, Capestan.
3. Raulin de Gros, sieur de Domps, fils de Pierre et de Marie-Morin de
Pardillan, supra nᵒˢ 71-73.

5º Alexandre de Villeneufue, sg^r de Gault [179], fils de Henry de Villeneufue, s^r de Gault [180], et de Constance de Fernandes [181].

6º Estienne de St Moort, s^r de Cordoué St Pierre [182], fils de Zacharie de St Moort, s^r desdits lieux [183], et de Françoise de Pontès [184], fille de Jean, s^r de Cha[ste]au Dompierre [185], et de Marie de Razay [186].

7º Jacques Eudes, dit de Touruille, s^r de Beauregard [187], fils de François, s^r de Colué [188], et de Françoise Doucet [189].

8º Jean-Jacques Despinoy, s^r du Fay [190], fils d'Anth^e, s^r du Fay-Chauignon de Hardecourt [191], et de Marthe Larcher [192].

9º François L'Hermite, dit Tristan, s^r de Soulliere [193], fils de Pierre L'Hermite, s^r dudit lieu [194], et d'Isabel Miron [195].

10º Pierre d'Hozier, sg^r de la Garde [196], fils de Estienne D'Hozier, s^r de la Garde [197], et de Françoise de Teilliers [198].

11º N..... N....., s^r de la Vergne [199].

12º Nicolas de Plassin [200], fils de Nicolas de Plassin [201] et de Claude Preuost [202].

13º Balthazard de Milly, s^r de la Gache [203], fils de Gabriel, s^r dudit lieu [204], et de Nicole Debrague [205].

14º Alexandre de Fransseures, s^r d'Orchiuaux [206], fils d'Antoine [207], et de Cath. d'Amerual [208].

15º N..... Le Hantier, s^r de la Bracquelière [209], fils de François le Hantier, s^r de la Bracquelière et de St Hillaire [210], et de Magloire Arnoul [211], fille de Robert Arnoul, secr. du Roy [212], et de Cat. Hotman [213].

16º Joachim de Fourmentières, Chlr, s^r de Montigny Mollé [214].

GARDES FRANÇOISES

1º Charles-Maximilien de Hallewin, Chlr, Sgr de Wailly [215], fils d'Anthoine de Hallewin, Sgr Desclebecq, Wailly, Audinfer, baron de Bouquehault, Chlr de l'Ordre du Roy, Gentilhomme ordinaire de sa chambre, Cap^{ne} de cent hommes d'armes de ses Ordonnances, bailly d'Amiens [216], et de Claude Gouffier [217].

2º Jean Hebert, Sg^r de La Mairie, Lieuten^t des Gardes de Mgr [218], fils de Michel Hebert, Con^{er} du Roy, Trésorier de France et général de ses finances en Languedoc, s^r de la Mairie [219], et de Catherine Fournier [220].

3º François de Carnazet, Baron de St Urain, Enseigne des Gardes de Mgr [221], fils de Antoine de Carnazet, Baron de St Urain, et de Rozay [222], et de Marie de Caruoisin [223].

4º Charles de la Rue, s^r de Connauuilliers, Quenanvilliers et la Chappelle [224], fils de Louis, s^r de Hericourt [225], et de Jeanne d'Estrées [226].

5º Jacques de Cachaleu, s^r de Popincourt et de Bussri [227], fils de Claude, s^r desdits lieux [228], et de Marie de Sericourt [229].

6º Jonathas Barthellemy, s^r de Belleuze [230], fils de Denis de Barthelemy, s^r de la Vallée [231], et ae Anne de Soyecourt [232].

7º Antoine du Grouchet, s^r dud. lieu [233], fils de François du Grouchet, s^r de Walemare [234] et de Marie de Heumond [235].

8º Jehan Roger de Giffré, s^r de Rechat, Esc^r de La grande Escurie du Roy, Capp^{ne} appointé par Sa Ma^{té} et exempt des Gardes de Mgr [236], fils de François de Giffré, s^r du Rechat, Gentilhomme de la Chambre de feu Mgr le Duc d'Alençon et cap^e entretenu [237], et de D^{lle} Gabrielle de Lauret [238].

9º Alexandre de Fransseures, Sgr d'Orchiueaux [239].

10º Claude Parisot, Esc^r, s^r du Boisfay en Bourgogne [240], fils de Nicolas, s^r du Bois Celle [241], et de D^{lle} Jeanne de Seguin [242].

11º Charles Papillon, s^r de la Graffardiere [243], fils de Macé, s^r de Valaumey [244], et de Denise Le Boulanger [245].

GARDES SUISSES

1º Philippes de Brichanteau, Chlr, Baron de Linières, s^r de Rezay, Theué, Boisboudran et Boyer, Colonel des Suisses de la garde de Monsg^r, Cap^e d'une Compaignie de Cheuaux Legers entretenus pour le service du Roy [246], fils d'Anthoine de Brichanteau, s^r de Beauvais-Nangis, Con^{er} en ses Cons^{els}, Capitaine, de 100 hommes d'armes de ses ord^{ces} [247], et de Anthoinette de La Rochefoucault [248].

2º Jean d'Almeras, s^r de [Megires], Lieutenant de la Compagnie des 100 Suisses de la Garde [249], fils de Simon Dalmeras, s^r de [Megires] [250], et de Caterine Nicolay [251].

CAPITAINE DE LA PORTE

Louis de Lubert, Esc^r, s^r de La Lande [252], fils de Yvon de Lubert, s^r de la Lande [253], et d'Alizon le Faucheur [254].

MAISTRES D'HOSTEL

1º Antoine de Villeneufue, Chlr, sg^r de Mons. Ier maistre d'hostel de Monsg^r [255], fils de Jean de Villeneufve, s^r de Mons [256] et de Françoise du Motet [257].

2º Claude Roolin, s^r de la Roullière, St Jullian et Bibotz, M^e d'hostel ord^{re} [258], fils de Jean Roolin, s^r de la Rouliere [259], et de Eleonor de Tourneon [260].

3º Charles de Bernetz, Esc^r, s^r de Troisestocqz, Con^{er} du Roy et M^e d'hostel de Monsieur [261], fils d'Anthoine de Bernez, Esc^r,

s^r de Mery et Montgobert [262], et de Gabrielle Thierry [263].
Il a espousé Fr[ançoise] de Lux [264], fille de Robert de Lux,
Chlr, s^r de Ventelet et Tresnel, etc. [265], et de Marie de
Plaisance [266].

4° François Sauuat, Esc^r, s^r des Essars, Con^er du Roy et M^e d'hostel
de M^r [267], fils de François Sauvat, M^e d'hostel du Roy
Henry le Grand [268], et de Catherine de Donnon [269].

5° Benigne Bruno, s^r de Montmazar [270], fils de Gabriel [271] et de
Marguerite Robert [272].

6° Guillaume Bernard de Foras, s^r dud. lieu [273], fils de François-
Bernard de Foras, aussi sg^r dud. lieu, Gouverneur de Nogent-
sur-Seine [274], et de Valentine de Baillon [275].

GENTILSHOMMES SERVANS

1° Claude de Bongueret, s^r de Bouchardieres [276], fils de Guillaume [277], et de Jeanne Gautier [278].

2° Jean le Maistre, s^r du Brueil [279].

2° *bis A sa place*, Jean-Jacques Hotman, Sg^r de Marcigny, créé en
Juin 1627 [280].

3° Pierre D'Allençon, s^r de Champ Regnart [281], fils de Hierosme
D'Allençon, Esc^r, s^r de la Gastine [282], et de Anne de la
Chappelle [283].

4° Claude le Goulz, s^r de Vallepelle [284], fils de Guillaume le Goulz,
aussi s^r de Vallepelle [285], et de Odette le Bourrellier [286].

5° Philibert Quenault, s^r des Oliviers [287], fils de Laurent Quenault [288] et de Elie Pelaud [289].

6° Achilles de Quersans, s^r d'Aigremont [290], fils de Jean de Quersans, s^r d'Aigremont [291], et de Louise Labbé [292].

7° René Goullard, s^r de la Bouliidiere [293], fils de Mathurin Goullard, s^r de la Boullidière [294], et de Marie Goullard [295].

8° Jehan Budé, s^r de Narelles [296], fils de Nicolas Budé, s^r de Villiers,
M^e d'hostel du Roy [297], et de Barbe Fleurette [298].

9° Antoine Faguet, s^r du Potel [299], fils d'Anthoine Faguet, s^r
dud. lieu [300], et de Magdelleine Passart [301].

10° Louis de Reynes, s^r de St Cabres d'Ausseron [302], fils de Jacques,
s^r de Beluezer [303], et de Françoise de Tournier [304].

11° Pierre de Marillac, s^r de Beaulieu, gentilh. servant de Mgr [305],
fils de Charles de Marillac, Esc^r, s^r de Beaulieu, Cap^e au Régi-
ment des Gardes [306], et de Marg^te de Gueltrop, fille du Baron
de Honnecourt [307].

12° François Hebert, Conseiller et Controolleur gnal de la maison de
mondit s^r [308].

ESCUIRIE

Premier escuyer.

François Christophle de Leuis, comte de Brion [310], fils d'Anne
de Leuis, Duc de Ventadour, pair de France, Comte de la
Voute, Baron de Donzenac, Bouffac, Roche en Regnier, Auenay,
Cornillon et Vauuert, Lieut^t gnal pour le Roy en Languedoc,
Chlr des deux ordres [311], et de Marguerite de Montmo-
rency [312].

Escuier ordinaire.

1º Augustin Fraguier, s^r de Roussilles [313], fils de Nicolas Fraguier, s^r de Roussilles et de Chasteau Fraguier [314], et d'Anne
Poussemie [315].

2º Charles de Maillé, s^r de Chedreu [316]. Il avoit epousé Claude
Morin de Bretagne [317], dont il a eu une fille unique nommée
Urbaine de Maillé [318] qui a épousé Jean-François Bouin,
s^r de Chalisset, Lieutenant au gouvernement de Nantes [319].
La sœur dud. Ch. de Maillé, nommée Celeste de Maillé, veufue
de S... [320], a épousé, l'an 1642, Daniel de Marré, s^r de la
Poquetière [321].

3º Pierre Dorléans, sg^r de Raire [322] [1], fils de Louis Dorléans, sg^r
de Raire [323], et de Edmée de Montjouan [324].

4º Alexandre de la Croix, s^r de Lachy [325], fils de Nicolas de la
Croix, Chlr, Vicomte de Semoine et de Lingeville [326],
Ier maître d'hostel de la reine Marguerite [327], et de Marie
de Balhaan [328].

5º Bertrand Drouart, s^r de Sommelan [329], fils de Nicolas Drouart,
s^r de Sommelan [330], et de Marie Barbedor [331].

VENERIE

1er *veneur.*

Guill^e de la Palu, s^r de la Palu et du Mesnil [332], fils de Guillaume [333] et de Catherine de Jumel de Lizores [334].

Lieutenans de la Venerie

1º Louis de Bardouil, s^r de la Bardoullere et de Pethiville [335],
fils de Louis de Bardouil, Esc^r, s^r de la Bardoullere [336], et
de Guyonne de Monthiers [337]. Il a aussi eu Taneguy Bardouil,
grand archid^{re} et chan^e de Bayeux, et aumosnier de Mgr [338],

---

1. Peut-être le *Raré* des *Mémoires de Gaston.* Cf. p. 14, n° 3.

et Jacques Bardouil, s^r de St Lambert, des chevaux legers de mond. s^r [**339**].

2º François Du Buat, s^r dud. lieu et de Guernetot, s^r de Buad, Gentilhomme servant de Madame et Lieutenant de la Venerie de Mgr [**340**], fils de Josias du Buat, s^r dud. lieu [**341**], et de Françoise le Comte de Nonant [**342**].

3º Charles de Belloy, s^r de Belloy en France [**343**], fils de Jean de Belloy, s^r dud. lieu [**344**], et de Marie de Soissons [**345**].

4º François de Homblières, s^r de Maluoisine [**346**], fils de Charles de Homblieres, s^r de Malvoisine et de Wauignies [**347**], et de Ysabeau de Brion [**348**].

Gentilshommes de la Venerie

1º Guillaume Guillemin, dit de Trepigny, s^r de Trepigny [**349**], fils de Claude Guillemin, s^r de Trepigny [**350**], et de Catherine de Guerpel [**351**].

2º Jacques d'Espinay, s^r de Vaulx et Mezières [**352**], fils de Philippes d'Espinay, s^r de Mezières [**353**], et de Françoise de Clauier [**354**], petit-fils de Ambroise [**355**], et de Anne de Gaudeschart [**356**].

FAULCONNERIE

Gabriel Thiboust, s^r des Aulnois et de Trou [**357**], fils de Louis Thiboust, s^r du Breau [**358**], et d'Antoinette Le Camus St Bonnet [**359**].

MARESCHAL DES LOGIS

Jacques Daniel, Sg^r du Bois Danemetz [1] [**360**], fils de Jean-Paul Daniel, s^r Dargnecourt du Veneur et du Viennois [**361**], et de Marie Gillain [**362**].

CHANCELIER, CHEF DU CONSEIL DE MONS^r

Jacques Le Coigneux, Chlr, Sgr de Bachaumont et Leruille, Con^{er} du Roy en ses Con^{els} d'Estat et privé, Chancelier et Chef du Conseil de M^r [**363**], fils d'Anthoine le Coigneux, s^r de........., Con^{er} du Roy et M^e ord^{re} en sa chambre des Comptes [**364**], et de Marie de Longueil [**365**], fils de Gilles Le Coigneux, s^r de Leruille et Bachaumont, enterré à St Germain de l'Auxerrois [**366**], et de Guillem^{te} le Gendre [**367**].

---

1. Bois d'Almay ou du Bois d'Annemais est l'auteur des *Mémoires* publiés en 1838 par Cimber et Danjou, au tome III de la seconde série des *Archives curieuses de l'Histoire de France*, sous le titre *Mémoires d'un favori de S. A. R. Mgr le Duc d'Orléans* (1608-1630). Disgracié lors du siège de La Rochelle, il fut tué en duel à Venise. (*Op. cit.*, pp. 259 et suiv.)

SECRÉTAIRE DES COMMANDEMENTS

1º Léonard Goulas, sgr de Fremoy, Coner du Roy et Secrétaire des Commandements de Mr [368], fils de Paul Goulas, sr de Fremoy [369], et de Magdne de Repichon [370].

2º François Goulas, son frère, Intendant des Bastimens de Mr frère du Roy [371], épouse Marie Navarrot [372], dont un fils et une fille Madelene [373], mariée le xxiii avril 1648 à Symon Breton, sr de Villandry, Rocheclermaud et Perrain en Touraine [374].

FINANCES

1º François de Castille, sr de Villemarueil, Coner du Roy et Intendant des finances de Mr [375], fils de Philipes de Castille, sr de Chenoize (qu'il aquit), Receur gnal des Decimes [376], et de Geneuieve Guerin [377]. Led. Philipes fut père de Philipes de Castille, son fils aisné, sr de Chenoize, Grand Preuost de l'hostel [378], qui épousa Catherine de Ligny [379]. François, son 2e fils cy-dessus, Intendant des finances de Mr, sr de Villemarueil [380]. Henry 3e fils, sr de..... [381], épousa Charlotte Jeannin [382]. Geneuieve, sa 1re fille [383], femme du sr des Arches de Mesmes [384]; Louise, 2e fille [385], épousa le sr de Vé Allegrin [386].

    Led. Charles (*sic*) de Castille [387], sr de Villemarueil, Intendant des finances de Mr, épousa N..... Gamyn [388].

2º Robert Passart, Coner du Roy et contrerollr Gnal des finances de Son Altesse, sr d'Arcy [389], fils de François Passart, sr d'Arcy [390], et de Claude Robineau [391].

3º Guillaume de Bourdeaux, sr Demauuille, Coner du Roy, Recevr et payeur des gages et droits des officiers de la Chambre des Comptes de Paris & Coner et Tresorier gñal des Maisons et finances de Mr le Duc d'Orléans [392], fils de Guillaume de Bordeaux [393] et de Geneviefve Compain [394].

4º Barthelemy Mascarany, Coner et Tresorier gñal des maisons et finances de Mr [395], fils de Paul Mascarany [396], et de Françoise Poulaillion [397].

5º Jean Martin, Coner et Contrerolleur Gñal des Escuries, argenterie et menus de la Chambre [398], fils de Charles Martin [399] et de Marie Robin [400].

INTRODUCTEUR DES AMBASSADEURS [1]

Louis Gedoyn, sr de Belon (*sic*) [401], fils de François Gedoyn, sr du Petit Mas, président en l'élection de Paris [402], et de Catherine de Nuilly [403].

1. Cf. plus haut, nº 68.

COMPAGNIE DE GENDARMES

Capitaine Lieutenant

1º Jacques D'Estampes, Chlr, s^r de la Ferté-Imbaut, marquis de Mosny, s^r de Villefargeau et Mont St-Supplice (*sic*), Con^er du Roy en son Con^el d'Estat, mar^al de camp en ses camps et armées, Con^er et Ier chambellan des affaires et cap. Lieut. de la Compagnie de 200 hommes d'armes de M^r [404], fils de Claude D'Estampes, Chlr, sg^r de la Ferté-Imbault [405], et de Jeanne de Hautemer [406].

2º Jean-Jacques D'Esparbez, sgr de Belloc, cap^ne soubz lieutenant [407].

3º Nicolas Morlet du Museau, sgr de Prauille, Enseigne [408], fils de Jean-Anthoine Morelet du Museau, sgr de Prauille et de Garenne, Grand Maître des Eaux et forests de France [409], et de Roberte de Pellevé [410].

4º Pierre de Mascarel, Chlr, Baron du Bois-Geoffroy et le Couldray, sg^r Chastelain de Bailleul, La Motte Neuille, Cap^ne Guidon de la Comp^ie de 200 hommes d'armes de M^r et Cap^ne des Chasses de mond. s^r [411], fils de Pierre de Masquarel, Chlr, Baron dudit Bois-Joffroy et Chlain de Bailleul et le Couldray, Gentilhomme ordinaire de la Chambre du Roy [412], et de Anthoinette Barjot de la Palu [413].

5º Louis d'Estampes, Esc^r, sg^r de la Motte en Ordre, maréchal des Logis [415].
fils de........

COMPAGNIE DE CHEVAUX LEGERS

1º Guy D'Elbene, sgr de........., Cap^ne Lieutenant [416]; fils de Pierre d'Elbene, Chlr, s^r de Villeseau [416*] et de Anne d'Elbene [417]. Il a épousé, en 1628, au mois d'avril, Charlotte de Reffuge [418], fille de Bernard de Reffuge, sgr de Dammartin [419], et de Heleine Girard [420].

2º Charles de Villemontée, s^r de Villenosse, Gouverneur de Méry-sur-Seine, Cornette [421], fils de François de Villemontée, s^r de Villenosse, Con^er du Roy en ses conseils [422], et de [Jeanne][1]... de Verdun [423].

3º Marc-Antoine de Brenne, sgr de Marchais, sg^r de Courtauenay, Beaurepaire, Roully et Boutigny en partie, M^al des Logis [424], fils de Pierre de Brenne, s^r de Marchais [425], et de Marie de Sailly[2] [426].

1. Cf. plus haut, n° 153.
2. Il y a ici une lacune de 9 noms, pp. 472 et 473. Les armes ont été seulement esquissées en marge.

4º Philippe Des Noues, s^r de Ste Hermine [427], fils de Jacques Des Noues, s^r de la Rabarière [427*] et de Anne de Mornay [428] et petit fils de François [429] et de Catherine d'Auaugour de Kaergrois [430].

5º Pierre de Chambon, s^r de..... [431], fils de Guillaume, s^r de Moigneuille [432], et de Marguerite du Roux [433].

6º Louis de Douant, s^r du Bois Douant [434], fils de Leon de Douant, s^r dud. lieu [435], et de Claude de Graffart Thieullay [436].

SEIGNEURS, GENTILHOMMES ET OFFICIERS

PRÈS LA PERSONNE DE

MADAME D'ORLÉANS DE MONTPENSIER [1]

PREMIER AUMOSNIER

Victor Le Bouthillier, Euesque de Boulogne, 1er Aumosnier de
Madame, Abbé de St Remy [437], fils de Denis Le Bouthillier, sr de Foulletourte [438], et de Claude de Macheco [439].

AUMOSNIER ORDINAIRE

Louis Barbier, dit de la Riviere [2], Coner et Aumosnier Ordre de
Madame [440].

CHEVALIER D'HONNEUR

Jacques de Rouuille, Chlr, sr dud. lieu et de Grainville Chauigny,
Comte de Clinchamp, Gouverneur des ville et Château de
Chinon, Conseiller du Roy en ses Conseils et Chlr d'honneur de
Madame [441]; fils de Jacques de Rouuille, Chlr, sgr dud. lieu
[442], et de Dame Diane le Veneur de Tillieres [443].

PREMIER ESCUYER

René de Lage, Chlr, sgr de Puy Laurens [3], Coner du Roy et Ier escr
de Madame, mort d'une apoplexie le jour de la Quasimodo

1. Bien que l'Etat de la Maison de Monsieur soit sans date, le fait qu'il est
suivi de celui de sa première femme qui ne vécut qu'un an après son mariage l'attribue suffisamment à l'année 1627. Comparer celui que j'ai publié
pp. 160 à 165 de l'Etat de la Maison de Louis XIII, arrêté le 10 janvier 1627,
et sensiblement le même, oien que plus complet.

2. Cf. plus bas, no 480.

3. « Puylaurens qui avait été nommé enfant d'honneur de Son Altesse et était
neveu de Madame de Verderonne, bonne amie du maréchal (d'Ornano) et de
la maréchale, remplaça Raré. » (*Mémoires de Gaston*, p. 568.)

le xi avril 1627 [444]. Led. René, fils de Honoré De Lage, Chlr, sgr de Puylaurens [445], et d'Anne d'Aubusson La Feuillade [446].

PREMIER MAISTRE D'HOSTEL

Charles de Clermont, sgr et Baron de Chattes, Marquis de Charpey, Con^er du Roy en ses Conseils, Sen^al du pays de Velay, Gouverneur et Lieut^t gñal pour Leurs Altesses en leur pays et souveraineté de Dombes et Ier maistre d'hostel de Madame [447]; fils de Charles de Clermont, Chlr, sgr Baron de Chattes, Sen^al et Lieutenant g^al pour le Roy du païs de Vellay [448], et de Françoise de Montmorin [449].

MAISTRE D'HOSTEL ORDINAIRE

Benoist Delphin, M^e d'hostel ord^re, s^r Delfino et gentilhomme ord^re de Monsieur [450]; fils de Bernardin d'Istria, Esc^r, s^r Delfin [451], et de Jeanne de Meyssonnier [452].

LES QUATRE MAISTRES D'HOSTEL

1º Pierre de Bridieu, s^r de Labaron et de Solaye, Con^er et M^e d'hostel de Madame [453], fils de.....

2º Louis de La Guerinière, Esc^r, s^r dud. lieu [454].

3º Jean de la Palu, Lafosse, *cy devant*[1] [455].

4º Luc Fabron de Assiny, s^r de Luca, M^e de la garderobe de la Reyne, mère du Roy, et Con^er et M^e d'hostel de Madame [456].

GENTILSHOMMES SERVANS

1º Henry D'Arreres, s^r de la Tour, Gouverneur de Touquès [457], fils de François d'Arreres, s^r de la Tour, Esc^r de la petite escurie de feu M^r le Duc de Montpensier et gouverneur de Touques [458], et de Claude de Ferrières [459].

2º Denis de Hermand, s^r de Souuille [460], fils de Denis de Hermand, s^r de Souuille [461], et de Angelique le Meau [462].

3º Jean Fouquet, s^r de Ste Croix Legondé [463].

4º Philibert de Bieures, Esc^r, Sgr dud. lieu [464], fils de René de Bieures, Esc^r, s^r dud. lieu [465], et de Roberte Sauary Breues [466].

5º .... N....... De Vinceguerre [467].

---

1. Ci-devant on ne rencontre que Guillaume de la Palu (n° 332) qui ne semble avoir rien de commun avec celui-ci.

6° François Du Buat, sʳ de Buat et de Guernetot (cy-devant [1]) [468].

7° Gedeon De Vitrolles, sʳ de Vitrolles et de Cabestan [2] [469], fils de David de Vitrolles, sʳ de Cabestan [470], et de Noemy de Matheau [471].

8° Claude De Puygiraut, Sgʳ de Beauvoisin [472], fils de Josué de Puygirault, Escʳ, sʳ dud. lieu [473], et de Renée de Baulac [474].

ESCUYERS

1° Louis D'Espaigne, sʳ de Sᵗ Celex, Escʳ ordinaire [475].

2° Pierre de Haton, sʳ de la Mazure [476].

3° Antoine de Pellegrin, Sgʳ des Presles [477], fils de Pierre Pellegrin, sʳ des Presles [478], et de Françoise Alleman [479].

4° Pierre de Patris [3], sʳ de Stᵉ Marie [480], fils de Claude de Patris, sʳ de Stᵉ Marie [481].

5° Pierre de Mouleon, sʳ de Lu [482], fils de Louis, sʳ du Moullin [483], et de Jacquette De Fougeres [484].

SECRETAIRE DES COMMANDEMENTS

Antoine de Montereul, secrétaire des commandements de Madame [485], fils de Jean de Montereul [486] et de Jeanne Hardy [487].

TRÉSORIER GÉNÉRAL DE MADAME

Seraphin Le Ragois, sʳ de Guignonville, Conᵉʳ et Trésorier de Madame [488] [4].

---

1. Cf. plus haut, nᵒ 340.

2. On lit aux *Mémoires de Gaston* : « Il (Monsieur) depêcha le sʳ Capestan lieutenant d'une compagnie des Corses ». Cf. plus haut, nᵒ 161.

3. Au paragraphe des *Mémoires de Gaston* où est raconté comment il combinait les fonctions d'un royaume imaginaire (à l'imitation du royaume de Narsingue), on lit : « Le comte de Moret, qui était de toutes ces parties, fut déclaré grand prieur de ce royaume de ***. L'abbé de la Rivière, le grand monacal, et Patris, l'un de ses grands vicaires » (p. 571).

4. A la suite de cet *Etat*, Clairambault a transcrit, d'un des manuscrits du fonds Brienne qu'il ne désigne pas plus précisément, une *Relation de ce qui s'est passé à l'hommage rendu au Roy par M. le Duc d'Orléans, pour les Duchez d'Orléans et Chartres et le Comté de Blois à luy donnés en appanage* (p. 483). Le procès-verbal est du samedi 8 mai 1627, suivi (p. 845) de l'arrêt royal, de même date, contresigné : DE LOMENIE.

MAISON DE LA GRANDE MADEMOISELLE

(1630)[1]

ESTAT DU PAYEMENT QUE MONSEIGNEUR FILS DE FRANCE, FRÈRE UNIQUE DU ROY VEULT ET ORDONNE ESTRE FAIT PAR Mr SERAPHIN LE RAGOIS, TRÉSORIER DE LA MAISON DE MADAMOISELLE, AUX OFFICIERS DE MADAMOISELLE, TANT POUR LES PERSONNES AYANS GAGES QU'AUTRES QUI NE PRENNENT QUE LEUR NOURRITURE ET AUTRES DESPENCES POUR SA MAISON DURANT L'ANNÉE PROCHAINE MVI^c TRENTE [2].

PREMIEREMENT

490 Pour la nourriture de Madamoiselle, bouillons, gellées & autres choses pour sa bouche est fait fonds pour lad. année de la somme...III^m #

491 Pour les flambeaux, buches, fagots, mortier pour la nuict[3] & autres

1. L'*Etat* imprimé en 1645 comprend (pp. 45-48) 64 articles. Dans l'état imprimé de 1648 dont j'ai donné la description en tête de mon *Supplément à la Maison de Louis XIII* (p. V, note 2), la *Maison de Mademoiselle*, qui vient après celle de Madame (sa belle-mère, Catherine de Lorraine) et celle de Monsieur (lesquelles occupent les pages 93 à 97), tient dans les pages 98 à 105. Le tout avait subi des réductions.

2. Clairambault 380, fol. 152 à 156v°. Il y a, au volume 379, un premier état, établi en 1629, sous le titre : « Extraict de l'Estat du payement que Monseigneur, fils de France, frère unique du Roy, veult et ordonne estre fait par Mr Seraphin le Ragois, Trésorier de la maison de Madamoiselle, tant pour les personnes ayans gages qu'autres qui ne preunent que leur nourriture et aultre despence pour sa maison durant la p[rese]nte année mil six cens vingt neuf. » On lit ensuite : « Voyez celui de 1630, vol. 92 des Mesl[anges], fol. 377 », et à la fin de l'Etat (fol. 709) : « Extrait sur l'estat original demeuré en nos mains. Signé : Goulas ». Cet état, établi à la fin de 1628, pour 1629, est notablement moins détaillé que celui du 28 décembre 1629. J'en ai relevé seulement quelques passages.

3. On lit dans Furetière, à la suite de toutes les acceptions connues du mot *mortier* : « On appelle aussi *mortier* un vaisseau d'argent ou de cuivre rempli

menues necessitez pour sa chambre, à raison de sept livres par jour, monte par an de III^c LXVI jours (*sic*). Cy.   II^m V^c LXVII ₶

492 Pour les habillemens & linge de Madam^{lle} durant lad. année, la somme de quatre mille livres qui sera mise entre les mains de Madicte Dame de St Georges, sa gouvernante, comme aussy les deux sommes cy dessus dont elle fournira de quittance au trésorier pour sa décharge cy.................... IIII^m ₶
   Somme IX^m V^c LXII ₶

OFFICIERS AYANS GAIGES

493 A Mad. Dame de St Georges, gouvernante de Madamoiselle, la somme de six mil livres pour ses gages. Cy............ VI^m ₶

494 A Madamoiselle Sauvat, soubz gouvernante, pour ses gages douze cens livres .... XII^c ₶

495 A la Dame Simonne, remueuse, pour ses gages. Cy..... IIII^c ₶
   Somme VII^m. VI^c ₶

FEMMES DE CHAMBRE qui veilleront en la chambre de Madamoiselle, anpeseront et garderont son linge & habits[1].

496 A la Dam^{lle} du Monts, femme de chambre pour ses gages.   III^c ₶

497 A la Dame de Bondy, autre femme de chambre pour ses gages.. III^c ₶

498 A la dame Josse, autre femme de chambre, pour ses gages   III^c ₶

499 A la damoiselle Claude du Monts, autre femme de chambre, pour ses gages.................................... III^c ₶

500 A la dam^{lle} Jouars, fille, pour ses gages. Cy........... III^c ₶

501 A la Dam^{lle} de Ste Phale, autre femme de chambre, pour ses gages.. III^c ₶

502 A la Dame Montallier, qui travaillera en linge, pour ses gages.. III^c ₶

503 A la Dam^{elle} des Essarts, tailleuse de Madamoiselle, pour ses gages sans nouriture. Cy.................................... X ₶
   Somme II^m CX ₶

AULTRES OFFICIERS

504 A Mr Texier, aulmosnier de Madamoiselle, pour ses gages .... IIII^c L ₶

d'eau, sur laquelle surnage un morceau de cire jaune, de demi-livre qui brûle toute la nuict dans la chambre du Roi. Ce morceau de cire s'appelle aussi mortier ou mortier à veille. »

1. Dans l'état de 1629 on lit : « femmes de chambre pour veiller en la chambre de Madamoiselle, & qui serviront aussy affaire la bouillye, anpeser et garder le linge et habitz de Madamoiselle ». (Clairambault 379, fol. 705.)

505 A Mr Nicolas Forestier, clerc de chappelle, pour gages et fourni-
    ture de cierges....................................... IIIe #

506 A Mr Legros, aulmosnier du commun, pour gages & fourni-
    ture de cierges...................................... IIIe #

507 A Mr Tournayre[1], medecin, pour gages et nouriture.. III^m VIe #

508 A Mr Claude Pajot, appoticaire, pour gages & nourriture XIIe #

509 A Mr Neron, chirurgien, pour gages et nourriture...... XIIe #

510 A Jean Lambert, huissier de chambre, qui portera Madamoi-
    selle... IIIIe #

511 A Mr Louis Cretté, qui servira d'argen[ter]ie[2] & servira la table
    de Mad^e Dame de St Georges....................... VIe #

512 A Nicolas Saget, qui servira la table des femmes de chambre IIe #

513 A Neron, garçon de la chambre.................... VII^xx X #

514 A Aygremont, autre garçon de la chambre.......... VII^xx X #

515 A Henry Neron, vallet de garderobbe de Madamoiselle, pour
    ses gages.. VII^xx X #

516 A Grandmaison, huissier de salle de Madamoiselle, pour ses
    gages. Cy.. VII^xx X #

517 A Jean Vacher [Le Vacher], garde meubles et tappissier,
    pour gages sans nouriture.......................... IIIe #
    Somme IX^m CL #

PANNETERIE, ESCHANÇONNERIE & FRUICTERIE

518 A Gilles Le Vasseur, chef de panneterie & sommellerie, pour
    ses gages.. IIe #

519 A Charles Le Vasseur, chef de fruicterie............... IIe #

520 A Louis Neron, ayde de panneterie, pour ses gages....... C #

521 A Salomon, ayde de fruicterie, pour ses gages........... C #

522 A Resjouy, ayde de fruicterie pour ses gages........... C #
    Somme VIIe.

523 A l'État de 1629 on trouve en outre : « A Jean Quenault, Marechal
    de la nourice C #. » D'où ce total « VIIIe # ».

OFFICIERS DE CUISINE

524 A René Roy, escuier de cuisine, pour ses gages......... IIe #

525 A Hillaire Regier[3], ayde de cuisine, pour ses gages....... C #

---

1. L'état de 1629 porte : Tornayre (Clairambault 379, fol. 705 v°).
2. L'état de 1629 porte seulement : « A Mr Louis Creté pour servir la table
de Madame de St Georges ». (*Ibid.*)
3. En l'état de 1629 : Legier (Clairambault 379, fol. 706).

526 A Gascon, galopin de cuisine, pour ses gages............ c #

527 A Lubin Marchais, sommier de cuisine, cy............. II^c #

528 A Gentianne, servante de cuisine, pour ses gages....... LX #
       Somme VI^c LX #

OFFICIERS DE FOURRIÈRE

529 A Jacques Collas, chef, pour ses gaiges la somme de. VII^{xx} X #

530 A Jacques de Tours, garçon de fourriere, pour ses gages.. c #
       Somme II^c L.

BOULLANGER

531 Estienne Martin, pour ses gages...................... X #
       Somme par soy.

LAVANDIERE

pour toute sorte de blanchisage & pour gage, sans qu'elle soit tenue
de fournir aulcun linge de table ou de cuisine[1].

532 A   Lavandiere......................... VIII^c #
       Somme par soy.

GARDEVAISSELLE

533 A Simon Lauret, pour ses gages.................... III^c #
       Somme par soy.

COCHERS

534 A Innocent de la Croix, cocher, pour ses gages..... VII^{xx} X #

535 A François Maurice, postillon, pour ses gages......... c #
       Somme II^c L #[2].

1. Dans l'état de 1629, on lit : « Lavandiere pour gages & soins de lesive,
sans fourniture de linge de table ny de cuisine. » (Clairambault 379, fol. 703.)

2. A l'état de 1629, on trouve, sitôt après : « Somme totalle desd. gages y
compris la nouriture de Madamoiselle XXV^m II^c LXX #.

Nombre des bouches d'officiers à gages XXXIX bouches. Et par an à raison
de quarante cinq sols pour chacune et de IX # par jour pour les flambeaux,
buches, fagosts & autres menues necessitez pour la chambre de Madamoiselle,
montant à la somme de trente cinq mil trois cens treize livres quinze sols tour-
no[e]z laquelle sera delivrée à Madame de St Georges sur ses quittances seullement
                  cy XXXV^m IIII^c XIIII # XV s.
Pour le loyer du logis du train de Madamoiselle, XVIII^c #
Pour les gages du portier dud. logis, c #
Officiers sans gages, à raison de trente sols par jour chacun pour nourriture.
Un page pour Madamoiselle.
Deux femmes de chambre pour la gouvernante, etc... (*Ibid.*, fol. 707.)

536 Pour la nouriture de trente sept personnes denommées cy devant,
qui ont accoustumé d'estre nourries, sera payé par ce comp-
table, en la forme ordinaire, la somme de dix neuf mil trois
cens vingt livres à Madame de St Georges, sç[avoi]^r pour l'ordinaire de Mad[ite] Dame, à VI # par jour, II^m CIIII^xx XVI # &
le surplus pour les autres, à raison de V^e # par an pour chacune personne, fors et excepté les nommez Saget, Neron garçon de la chambre, Aygremont, Henry Neron, vallet de garde
robbe, Grand-maison, Gentianne, Jacques de Tours, Estienne
Martin, la Lavandiere, Innocent de La Croix & François Mau-
rier, qui n'auront que III^c LXVI # chacun, toutes lesd. sommes
revenans à la sus[dite] premiere. Cy........   XIX^m III^c XX #

537 Pour le loyer du logis du train de Madamoiselle...   XVIII^c #

538 Pour les gages du portier dud. logis. Cy..............   C #
    Somme XIX^c #

NOURRITURE DE PERSONNES QUI N'ONT AUCUNS GAGES

539 A Madame de St Georges, la somme de cinq mil huict cens cin-
quante six livres, pour la nourriture de seize personnes, à raison
de vingt sols par jour pour chacune, sç[avoi]^r un page &
deux valets de pied pour Madam^lle, deux femmes de chambre,
un page & deux lacquais pour lad. Dame de St Georges, une
femme de chambre pour la soubz-gouvernante & un vallet,
deux vallets pour les femmes de chambre & remueuse, un
vallet pour l'aulmosnier, un vallet pour celuy qui servira la
table de mad. Dame de St Georges, un vallet pour le cocher
qui aydera à penser (*sic*) les chevaux & le portier du logis du
train. Pour ce, cy, par jour XVI #, & par an..   VI^m VIII^c LXI #

540 A lad. Dame de St Georges, la somme de deux mil neuf cens
vingt huict livres, pour la nourriture de huict chevaux, sç[avoi]^r
six de carrosse et deux de scelle, leur entretenement de toutes
choses, ferrages, renouvellement d'iceux, qui est à raison de
XX^s par jour pour chacun cheval, cy......   II^m IX^c XXVIII #

541 Pour toutes les despences extraord^res de bouche, achapts de
menuz meubles, linge pour la table & cuisine, renouvellement
de batterie de cuisine & racoustrages de vaisselle d'argent,
entretenement d'habis & autres choses necessaires au page,
deux valets de pied, cocher, postillon, & leur garçon, sera
payé à lad. Dame de St Georges la somme de trois mil cinq
cens dix neuf livres, cy ....   III^m V^c XIX #

    Autre despence pour les gardes qui serviront ordinaire-
    ment pres Madamoiselle.

542 Au s^r de Rechac, exempt, pour recompence des services qu'il
rend durant neuf mois près de Mad^lle, outre son quartier.
Cy...   VI^c #

543 Pour la nourriture dud. exempt pour toute l'année.....   V^c #

544 Pour la nourriture de deux archers des gardes, à raison de vingt
  sols par jour pour chacun pendant neuf mois de service qu'ils
  rendent, outre leur quartier, pres de Madamoiselle, cy pour
  lesd. neuf mois...................................... V^c L #

545 Pour quatre pains qui se delivreront par jour au (sic) deux
  gardes françoises durant leur quartier, à raison de XVI^s la
  douzaine XXIIII # & pour les deux pains aussy par jour au
  garde suisse durant l'année entiere XLVIII # XII^s VI d[eniers]
  cy en tout...................... LXXII # XII s. x d.

546 Pour le vin qui ce delivrera ausd. gardes françoises durant leur
  quartier & au suisse pendant l'année entiere, à raison de
  VIII^s la quarte & de VI^s IIII^d chacun par jour, cy pour
  tout.. VII^{xx} IIII #

547 Pour douze buches et douze fagots qui se delivreront par jour
  ausd. gardes durant huict mois de l'année & de six buches &
  de six fagots par jour pendant les mois de may, juing, juillet,
  & aoust, à raison de II sols la buche & d'un s. VI deniers le
  fagots reviennent par jour durant lesd. huict mois à XIII s.
  & à XXI^s durant les autres quatre mois & par an.   VI^c XL # X s.

548 Pour une livre de chandelle par jour ausd. gardes à raison de
  VI sols VI d. la livre, par an............... CXVII # XIX s.

549 Pour la paille qu'il convient leur fournir pour emplir leurs
  paillasses deux fois le mois, à raison de v bottes à chacun
  mois, reviennent par an à........................... XLV #
  Somme II^m VI^c LXXI # I s. X deniers qui sera payée à Mad. dame
  de St Georges sur ces (sic) quittances seullement.

AUTRE DESPENCE POUR AULMOSNES

550 Aux capucins, cappucines & religieux de la mercy la somme
  de IIII^{xx} X # par mois, qui est à raison de XXX # pour chacune
  desd. religions, cy par an pour le tout.......... MIIII^{xx} #
  Somme de soy.

AUTRES OFFICIERS SANS NOURITURE

551 A Monsr Le Coigneux, surintendant des maison, finances &
  domaines de Madamoiselle, pour ses gages, la somme de deux
  mil quatre cens livres, cy.................... II^m IIII^c #

552 Au s^r de Villemareuil (sic)[1], intendant de la maison de Madamoiselle, pour ses gages, cy...................... XII^c #

553 Au s^r Goulas, secrétaire des commandem^t maison & Finances
  de Madamoiselle, pour ses gages.................. VI^c #

1. François de Castille. Cf. plus haut, n° 380.

554 Au s[r] de Monsigot, secret[air]e des commande[ments], maison
& finances de Madamoiselle, pour ses gages......... VI[c] #

555 A M[r] Seraphin le Ragois, tresorier de la maison de Madamoiselle,
pour ses gages, nourriture & entretènemant, cy...... III[m] #
Somme VII[m] VIII[c] #

556 Autre despence ordonnée par Monseig[r] pour aucuns officiers
que son Altesse a retenuz pour servir Madamoiselle lorsqu'elle
sera en aage, qui seront ce pendant payez de leurs gages et
entretènement, employez au présent estat en vertu des ordonnances qu'elle leur en fera expédier.

557 A s[r] de La Gueriniere[1], pour servir de M[re] d'hostel de Madamoiselle, pour gages & nourriture................ IX[c] #

558 Au s[r] de La Tour[2], pour servir d'escuyer & de Gentilhomme
servant, pour gages, nourriture & entretènement, cy. VIII[c] #

559 Au s[r] Gaillard, pour servir de con[trol]leur general de la maison
de Madamoiselle, cy.......................... II[m] #

560 A luy la somme de MLXII # X s. pour les interrests de XVII[n] #
qu'il a payez et dont son remboursement luy a esté ordonné
& en attendant l'interest de lad. somme par résultat du
con [s]eil & lettres pattentes des   jour de juing MVI[c]
vingt, cy.......................... MLXII # X s.

561 A M[r] Charles Vincent, pour servir de controlleur clerc d'office,
pour ses gages.......................... VI[c] #

562 A M[r] Claude du Monts, pour servir de con[trol]eur clerc d'office,
la somme de six cens livre. Cy.................... VI[c] #

563 A Jean Guerinet, mareschal des logis de Madamoiselle, pour
ses gages, la somme de.......................... III[c] #

564 A Jean Charpentier, tailleur de feue Madame, pour servir Madamoiselle lors qu'elle sera en aage & cependant en son escuyrie,
la somme de cinq[te] livres tournois. Cy.............. L #
Somme VI[m] III[c] XII # X s.

565 Somme totalle de la despence du p[res]ant estat : quatre vingt
deux mil sept cens soixante dix huict livres unze sols dix
deniers.

Faict et arresté par Monseigneur à Nancy le vingt huictiesme
jour de decembre MVI[c] vingt neuf.

Signé GASTON et plus bas   MONSIGOT.

---

1. Louis de la Gueriniere, le maître d'hostel de feue Madame. Cf. n° 454.
2. Henri d'Arreres, déjà gentilhomme servant de la mère. Cf. n° 175 et n° 457.

INDEX ALPHABÉTIQUE

C

D

E

F

L

N

T

APPENDICE I

*L'ordre que le Roy veut estre observé par le Cap^{ne} des Gardes
de Monseigneur, frère unique de Sa Ma^{té}.*

Sad. Ma^{té} veut et ordonne que l'exempt, que le Cap^{ne} des Gardes
de son corps qui est en quartier et mis au service près la personne
de Mond. Seigneur, attendu qu'il est au Roy, et ne peut estre com-
mandé que de ses Cap^{nes}, recevra d'eux les commandemens, ainsi
qu'il a accoustumé, et non du Sr de Vailly, à pr[ése]nt Cap^{ne} des
Gardes de Mond. Seigneur.

Led. exempt couchera dans la maison de Mond. seigneur et en
aura les clefz pour en faire l'ouverture et closture, ainsi qu'il luy
sera ordonné.

Led. s^r de Vailly ne pourra porter le baston dans l'enceinte de
la maison du Roy ny à la suite de Sa Ma^{té}, en quelque lieu que ce
soit.

Et pour le reste, le Roy entend et treuve bon que led. s^r de Vailly
exerce sa charge et tienne sa place de Cap^{ne} des Gardes de Mond.
Seigneur, derrière sa chaire et par tout ailleurs, près sa personne
et que led. exempt la luy quitte, quand il le verra arriver; pareille-
man aussi lors de la réception des Ambassadeurs, que led. s^r de
Vailly aille au devant et les reçoive si bon luy semble, et ce, sans
tirer à consequence, en consideration de la personne dud. s^r de
Vailly que Sa M^{té} veut gratifier.

Fait à Paris le XIe jour de Juillet 1617.

Signé Louis, et plus bas, DE LOMÉNIE[1].

1. Dupuy 218, fol. 294 v°.

APPENDICE II

---

*Lettre de Alphonse Louis Duplessis de Richelieu, Archevêque d'Aix,
à Madame de Guise sur la mort de Madame d'Orléans.*

Madame,

Si le respect que je vous doibs m'a faict tenir dans le silence
jusque à ceste heure, l'affliction que tout cest estat a receue avec
vous par le decedz de Madame faict que je prends la hardiesse de
le rompre pour vous tesmoigner que je la ressents peult estre plus
vivement qu'auqun de vos serviteurs, puisque j'ay tousjours devant
les yeus les parfaictes obligations desquelles nous sommes redeb-
vables à la memoire de feu Monsieur son père et à vous, Madame,
qui avés voulu vous rendre participante de l'affection qu'il nous
faisoit l'honneur de nous porter et que la bonté de ceste grande et
vertueuse princesse que vous aviés donnée à la France pour son
repos et pour son bien exige des larmes de ceus mesme qui n'ont pas
eu celui d'estre cogneus d'elle. Je n'ozerois me dispenser de dire que
je croi que Dieu demande de vous, Madame, une plus parfaite resi-
gnation à sa volonté que de tout aultre, veu qu'il vous a donné une
plus grande force d'esprit et de courage et qu'aultrement votre
santé seroit notablement affoiblie, si je ne croiois aussi que vous
ne désagréerez pas la liberté que je prends en qualité,

Madame, de

Votre très humble et très obéissant serviteur,

ALPHONSE, Arch. d'Aix.

A Aix, ce 15 juin 1627[1].

1. Clairambault 379, fol. 214. « A Madame | Madame la Duchesse de Guyse ».
— D'une autre main : « Mr l'Archevêque d'Aix, du xve juing 1627 (fol. 214 v°).

TABLE DES MATIÈRES

Paris. — Imp. Paul Dupont (Cl.). Thouzellier, D'.